SZLAKIEM MADONNY

Edward Dusza

SZLAKIEM MADONNY

Point Publications, Inc.
Stevens Point, Wisconsin 2017

Opracowanie graficzne i skład komputerowy: Monika Pawlak

Na okładce wykorzystano reprodukcję obrazu
Madonna z Dzieciątkiem Juliusa Schnorra

ISBN: 978-0-9966217-9-3

Wydanie II, zmienione (wydanie I, 1970 r.)

Published by
Point Publications, Inc.
2804 Post Road, Stevens Point, Wisconsin 54481

Pamięci moich Drogich Nieznajomych:

Cecylii, Aleksandra, Kazimierza,
Stanisława, Heleny

dedykuję ten tom wierszy wiedząc,
że do naszego spotkania
jest dużo bliżej niż dalej

Szlakiem Madonny

Jesteś spokojem bólu
W milczącej marmuru bieli
W cieniach bazyliki
Pod wspartym o zawierzenie
baldachimem ciszy
kwitnie nadzieja zmartwychwstania
choć dziś trwa śmierć.

Kiedy niebo śmigłe srebrne karawany
oddadzą matkom kres ich dzieci
w czterech ścianach lakierowanych skrzyń
— idą matki Twoim szlakiem Pani

Nie słysz ich bluźnierczych słów
ni złorzeczeń Bogu
Pomna Golgoty.

Wzejdź Stello Matutino
w burzę ich serc
ucisz ognie
trawiące świat

Miast śmiercią
Niech się młodość zachłyśnie życiem
Spraw
O Sancta Dei Genitrix.

Kościół Mariacki w Krakowie

W krzyku złocisto-czerwonych witraży
W uporze znicza
Samobójczo płonącego do dna
W modlitwie krzepnącej w plamach obrazów
Tężejąca w łukach sklepiania
Trwa cisza.

Gdy jękną świece ostatnim płomieniem
Gdy noc stłumi mowę witraży
Mrok rozsnuty opajęczony w nawach
Zadrga.

Szepty spoczywających w piwnicach
Oddających ziemi resztki człeczej nędzy
Wpłyną w objęcia ciszy.

Jasne smugi wież
Kaleczą brzegi nocy
Chmury obijają iglice prujące niebo.

Czasami doleci z Plant zapach bzów
Gołąb szuka schronienia w oknach
Noc ciemna kłębi się nad Krakowem
Śpi moje miasto.

CEL

Słyszysz szelest kart Apokalipsy?
Czas introspekcja chwil
Staje i liczy minuty zniszczenia

Ach! Gonić błyskawice
Gnać światła szybkością
W rydwanach wiatrów szaleć
Trwać
O, strzaskać ramy czasu
Nie liczyć upadków
Być by niszczyć katedry
ludzi i miasta
Wielkość wychylić do dna
nasycić postępem
Być ponad definicje i ponad prawidła
Boga odtrącić w nicość
i zadać mu kłam
Odrzucając z pogardą Jego miłosierdzie
I na koniec się zsypać
Szarą prochu garstką.

Człowiek jest wielki
Ograniczony jedynie
Datą urodzin i śmierci.

Stoją na świecie
Pomniki ludzkiej wielkości
Statuy wielkich
Co wiedli na rzeź.

Dziwię się wam
Budującym domy na żer bomb
Boję się was mordujących dzieci zanim ujrzą świat

Boję się litości tych
Co kojąc ból
Oferują śmierć.

Mój kraj
Ściele się od Bałtyku do Tatr
Mój kraj
Wlecze się krwawym szlakiem historii od lat
Oszczędźcie ognia naszym domom
Nie trujcie naszych rzek i pól
Nie zabijajcie
Dzieci
Motyli i pszczół
Wszelkiego tworu Bożego
Który jest Dobry
Jak powiedział Pan

Dajcie nam pożyć
Jak Bóg przykazał.

WĘDRUJĄCA MADONNA

Na drodze wydeptanej tysiącem stóp
Zamyślona w dal patrzy Madonna
Zupełnie ta sama, co na płótnie Leonarda
Tycjana czy Malczewskiego
Obca drogom i miastom dzisiejszym
Patrzy na błysk neonów, szybkość aut
Potrącana przez przechodniów
Przeprasza

Wysokich irysów tutaj ni na lekarstwo,
Srebrem liści nie zadzwoni oliwka
Nie podpierają nieba cedry libańskie
Nie buszują po piasku pustyni
Irysy i anemony
Beton tylko, metal i szkło.

Zagląda do rozjaśnionych mieszkań
Do hałaśliwych restauracji
I pustych kościołów
Gdzie zabrakło obdarzonych miłością

Na drodze wydeptanej tysiącem stóp
uśmiecha się smutnie Madonna
Czasami patrzy na dzieci
Pamięta niesforny lok nad czołem
I sarnie oczy Syna
Które zamknęły się
Na wysokości
Krzyża.

Moja Madonna

I

Odpoczywa w ogrodzie
Rozmyślając o jutrze.
Jak dziś
szarzeją dni Nazaretu.
Miriam była dziwną dziewczyną.
Jezus był najzwyklejszym chłopcem.
Zmęczony zabawą
wraca do bezpiecznej przystani
w ramiona Matki
Wiedząc wszystko
to jednak zapomniał,
że z oddali lat
idzie dzień.

II

Stanęła na wysokości Triumfu,
słysząc, jak wydobył z płuc krwawy jęk,
jaki wydaje nawet Człowiek-Bóg
raz jedynie.
Szarpała włosy,
do krwi gryzła dłonie.
Nie pamiętasz, Miriam?
Niech mi się stanie.
... jestem jak matka.
Panie, oddal ode mnie ten kielich.
... jestem jak człowiek.

III

Wśród obrazów galerii,
kościołów, pysznych bazylik,
która jesteś prawdziwa
Miriam z Nazaretu?

W moim pokoju, samochodzie, pociągu,
w kolorze i zapachu goździków,
odpoczywasz po ciężkim dniu.
Dziecko szuka schronienia
w Twoich ramionach,
uśmiecha się już sennie.
Jezus był najzwyklejszym chłopcem,
jak dzieci wojny —
przeznaczony na ofiarę.

WĘDRÓWKA ZA TOBĄ

Ellenai śni spokojnie drogę po tamtej stronie
Szaman rozdarł szaty jak starsi Twojej świątyni
Jednostajność białych krzyży kwitnie
Jest jak łan rumianków na białym stoku
Krwawa łza z Golgoty Eloe
Czuwa nad ciszą tych pól.

Ty Panie jesteś Bratem
Pomordowanych
W rzezi Oszmiany i Pragi
Nieśli Twój krzyż poprzez Auschwitz
Warszawa oddając ostatni oddech w płomienie
Dopełniła Twe słowa.

Zawsze czekający
Z bliznami Pańskimi na swych dłoniach
Pod niebem Stworzenia
Bohaterscy i cisi
Jak groby na Monte Cassino

POWROTY

Gdy w zawiłościach drogi przystaniemy
Zapytamy, po co
Jak jeszcze daleko
I znów się poderwiemy
Im wcześniej tym lepiej
Może dzisiaj lub jutro.

Nie krzycz wiec, kiedy stoję i cofa się nagle
Czas
Nie niszcz utkanych w powietrzu obrazów
W których mgła jest i cień jest
Jak podmiot tęsknoty

Ludzie się często łudzą, że nareszcie
Zamknęli serca i wygnali pamięć
I bohatersko mogą iść samotnie.

Czas nagle z losem mocni sprzymierzeńcy
Odwroty ci rozświetlą i plany rozrzucą
W niedoszłe przestrzenie
I staniesz bezradny
I jakkolwiek powracasz
Ty
Stojący w miejscu.

Nadzieja

Udręko Rafaela,
W pianach marmuru
Michała Anioła wyśniona,
dobra jak dni dzieciństwa.

Ekstazo Jasnej Góry,
na ludzkich szlakach
ostrość łagodząca kamieni.

I aureoli jesieni,
spowita w płótno mgły,
z lampą Aladyna
w białych dłoniach,

Gwiazdo
w szaleństwie burz.

* * *

Niczego się od was nie spodziewam
Nie czytam w mrocznych twarzach
Uwięziony w waszych pajęczynach.

Jesteście ciągle.
Nie ma was
Nie szukam śladu waszych stóp

Wiatr przyjaciel dmie w twarz
Twarze blaszane.
Jak metal myśl,
Gwar dnia
Potykam się na kamieniach
Rzucanych w moim kierunku
Jeden z nich będzie celny

Motyle o kolorach baśni Andersena
Kwiaty rozkwitłe jeszcze jedną wiosną
Nie wyglądam dni na progu świtów
Są zawsze jednakowo blade
Nie zawsze prawdziwe.

Kamienując innych
Nawracam jeszcze jednego
Szawła

Spotkanie

Pamięci Ojca

Zabłądzę do ciebie, gdy deszcz uderzy w szyby,
gdy wiatr złote dywany rozniesie po parku
i mgła, skłębiona w całun, zapadnie nad miastem,
wtedy do ciebie zabłądzę.

Zapłonie na kominku ogień starych gazet,
niebieskawe płomienie skręcą się miłosiernie,
będziemy pić herbatę, wszystko będzie dobrze,
będziemy się uśmiechać.

Więc poczekaj. Ja wrócę na pewno.
Muszę zgubić siebie w mgle i w wietrze.
Wtedy wrócę do ciebie i radosnym cieniem
snuć się będziemy razem — już po tamtym świecie.

NEKROLOG

Zmarła młodość
Stargana wyjałowionym dniem
Z dodatkiem luminalu
Rozpędzona jak dyskobol
Natchniona geniuszem Fra Angelico
Przystanęła na chwilę i zgasła
Jak Sokrates
Licząc mile bólu szerokiego jak step
Uznała codzienność
Za jałowy ugór

Kiedy próbowano ją ratować
Rzuciła im dysk życia
Prosto w ręce

Tchórzostwo życia
I bohaterski krok
W śmierć.

Dom

Mojej Siostrze Janinie

Kiedy widzę srebrne pasma w twoich włosach
złote nasze wspominam dzieciństwo
i dom nasz
co choć taki jak wszystkie
jakże był inny
Szczęście nie miało tu swej nazwy
jesienne fryzury chryzantem rozwiewał wiatr
spokój dzieciństwa kołysał się w ogrodzie
Któregoś dnia padł filar
umarł dom
zostali obcy ludzie
i spojrzeli na siebie zdziwieni
Ocean niebiesko zakwitł
przed naszą bramą.
Lubię siedzieć
przy cudzym fire place
i śledzić taniec ognia
Zima
nieme klony w oczekiwaniu wiosny
poranek
biały jak klawisze fortepianu
Oczyszczeni analizą natury
zapukamy do drzwi naszego dzieciństwa
ojciec ma oczy pełne uśmiechu
matka dźwiga brzemię naszych trosk
Wszystko trwa
Bliskie i aktualne
Nie przeczą temu
znawcy metafizyki

Inne są moje wiatr i noc

Józefowi A. Frasikowi, poecie Krakowa

Inne są moje wiatr i noc
klony w wiatr swoich liści strojące
wiejska droga zapadła gdzieś
zmierzch wiszący w ciszy

Najciężej
otrząsnąć z sandałów kurz
zabić pamięć

Gdy liść
rozbije się na szybie
liść tułacz
nieświadomy kresu swoich dróg

Inne są jego wiatr i noc
Poeto

ZNAK PRZEWODNI

Niech będzie litość Twoja wysławiana,
Panie Pomordowanych, Bitych i Głodzonych,
gdy w Dniu Ostatnim,
przed Twym boskim tronem,
przeciągną cienie szkieletów i kalek.

Tych w pasiakach brunatnych, całkiem już nie ludzi,
tych, co są tylko popiołem i dymem,
snującym się do dzisiaj ponad Buchenwaldem,
ponad Majdankiem, ponad Oświęcimiem.

Tych, co we wspólnych grobach marzą o niebycie,
wyrwij, o Panie, z ciszy i z legowisk porusz
i poślij znów na ziemskie, obłąkane szlaki.
Niech zapukają do serc i sumień ludzi.

I niechaj Ofiar głos usłyszą wreszcie
ci, co ponad światem przędą srebrne nici,
z których rodzą się jęk i krew człowieka.

Niechaj więc Krzyża cień
przewodnim znakiem.

W LISTOPADZIE

Jeszcze krzyk złocistych chryzantem
Wygasa wolno bezsilny protest świec
Jak wy
W natury procesie
Ziemia rwie wam ramiona wyżera oczy
Aż wykwitniecie płomieniami jesieni
Bohaterscy dźwigacze gliny
Niech nie przytłacza Atlasów łza
Płacz nie mąci im nocy
Idziemy ziemscy pielgrzymi w ciszę
Pochylając się nad niebytem rzeczy
Uchwyconej przez ramiona ziemi
ośmiornicy
Z podobnej ziemi lepił nas Pan
Choć wiedział
Że i tak skończymy marnie.

Przynajmniej większość
Z nas.

Pożegnanie Wiednia

W starych labiryntach cesarsko-królewskiej stolicy,
cienie Stephansdomu i Franciszek Józef u Kapucynów
mrok parków wiosennych, kolor tulipanów, bzy,
mój drogowskaz, płonący fajerwerk Votiv-kirche,
na Kahlenbergu śpiewają o Bogu, co Polskę,
drżą płomienie świec przed Czarną Madonną
w dole miasto się wzbija w najeżoną plamę,
ein viertel Wein w żółtym Grinzingu,
idziemy do domu. Jutro zagaśnie wieczór
w Nowym Jorku.

WIEDEŃ

Marcelinie Machwicz-Gustowskiej

Policz na palcach uderzenia wiatru,
sączy się przez pamięć
jednakowo zwiewny
wiedeński, beztroski kształt.

Nie pamiętam, ile róż kwitło w Schoenbrunnie,
Ile odkrytych ulic w wędrówce zu Fuss
Jeszcze pocałunki zakochanych
w ogrodzie dworskim, gdy ciemno.
Pod katedrą Stephana roztańczone neony
przyklasną świateł orkiestrze
płynących samochodów.

Na Placu Roosevelta spala się odosobniona
fantazja,
Karlskirche, jedyny w swoim rodzaju.
Wiedeń liczy swoje dni szczęśliwe.
Wiedeń, podchmielony Grinzingiem.

Nowy Jork

Ulice giną w zaczajonych we mgle
zakrętach,
Zdenerwowany tłum
samochodów i ludzi,
Wieżowce, kamienne olbrzymy,
drzemią z głowami w chmurach.
W kiosku z gazetami od lat „Nowy Świat",
w parku Jagiełło
dźwiga nieruchomo dwa miecze.
Idą ulicami i mówią po polsku
zmęczeni rzeczywistością ludzie.
Na rogu ulicy
wysmukły i gniewny kiwa się Murzyn
w takt szumiącego mu w głowie piwa.
Z daleka samotna i nieruchoma
szarzeje niedościgniona utopia Polaków,
Statua Wolności.

Ptaki wracają

W niebie nad lasem
płynęły regularnym kluczem
ptaki.
Żegnał je dzień ołowiany,
ostatni jesieni szept, krzyk drzew.

Gdzie słońca błogosławiony blask,
zbudują domy,
wywiodą potomstwo,
by znów,
ostatkiem sił,
uczyć dzieci ojczystego szlaku.

Ptaki ulegają przyciąganiu
miedz, lasów i pól,
w błękicie oceanu, w mgle chmur,
z szyjami wyciągniętymi w kierunku ojczyzny,
ptaki wracają zawsze,
świadome odrobiną instynktu:
Heimat ist Heimat.

Człowiek buduje dom,
mówi owszem, czemu nie,
planuje powroty. Ptaki wracają zawsze,
granitowym, podniebnym szlakiem.
Człowiek?
Przeważnie nie.

Nie wierzę, mamo

Że ktoś tam w świecie mi serce otworzy
I będzie liczył kroki listonosza
I mierzył drogę listów
W błękitnej przestrzeni
Nie wierzę, mamo
Kiedy dotknie mnie wspomnienie
Twoich rąk
I gdzieś sprzed czasu błysną twoje oczy
I list mi wiarę zwiastuje spotkania
Nie wierzę, mamo

Kiedy los się do mnie uśmiechnie półgębkiem
I życie drwić przestanie choć na krótką chwilę
wtedy uwierzę w powrót

Dzisiaj jednak wierzę
w miłosierdzie chłodnego
poszumu Hudsonu
Który mi brat serdeczny
Ramiona otworzy

C'est la vie, mamo

W Tyrolu

Nocnym uśmiechem przymglone księżyce
tony słowika gasnąą jak świece
sosny mają już tyle za sobą
interesuje je tylko kierunek wiatru
Cienie górskie schodzą w dolinę
Gasną w uśmiechu alpejskiego słońca

Przydrożne krzyże świątki Alp
ustawione na drogach lawin
las schodzi w dół coraz niżej
Blaskiem słonecznym dzwoni potok
Łza wylana przez głaz

Zielono-biały Tyrol
Tyrol radosny
ze smutkiem lawin
płaczem pokutnym strumieni
górską skruchą wielkości
Bije źródło —
Puls gór

Matka Boska Częstochowska
z Pensylwanii

Wieża — z łuku nadziei
biała strzała wypuszczona w niebo
Świątynia rośnie w chmury,
orze ugór błękitu,
jasny drogowskaz.
Czarna Pani
tuli do siebie Dziecię
w zadumie.

Wiatr płoszy ciszę drzew
zdziwiony szeleszczącą mową
ludzi w białych habitach.
Pieśń płynie w dolinę
Z błogosławieństwem ramion rozpiętych
na krzyżu
Z miłością oczu gasnących tak jasno
jak zachodzące słońce
nad białym Doylestown.

Czarna Pani tuląca Dziecię sarnookie,
Czarna Pani z bliznami na twarzy,
króluje na tych polach
rozdzwonionych Polską.

I szukamy tych liści rozwianych

Szukamy tych liści rozwianych
Tego wiatru dzwoniącego w drzewach
I bezkresu tej naszej przystani

Krajów wstaje stary z dnia na dzień
Hejnał srebrzyście tnie powietrze
Ściga gołębie
I mnie
Przebacz mi, Miasto Moje

Popatrz
Za wodami światłami rozdzierają ciemność
Wieżowce Manhattanu

Moja droga

Jeszcze się ściele srebrzystą wstęgą
Moja droga

Gdzieś na rozgadanej lipie
Powiesiło się moje dzieciństwo
Podlanckorońskie drzewa
Zestarzałe pochodem wiatru
Wyszumiały moje zmierzenia

Krakowskie ulice te same
Wspomnienie zaczarowanej dorożki
Pan Kaczara kiwa się na siodle
Koniowi marzy się owiec i stajnia
A tu trzeba zawieźć
Do położnicy Panią Bandułową
Najlepszą siłę w tej branży
Jak długie miasto i szerokie

Mickiewicz niepoprawny reakcjonista
Niewzruszony na cokole pomnika
Jak na Judahu skale
Przystań gołębia
Wieszcz z głowa w chmurach
Ciągle przekonany
„Wolność powszechna zwycięży"

Kwiaciarki krakowskie
Relikt kolorowy rynku
Przeważnie w wieku poźnobalzakowskim

Gołąb rozbity
Ciężko opada w dół
Obejmuje bruk skrzydłami

I kwitnie plama czerwoną

Jeszcze się ścielę srebrzystą wstęgą
Moja droga
Dojeżdżam
To już New York.

* * *

Długo pamiętał co mówiła matka
niepiśmienna emigrantka z sycylijskiej wioski:
Tak tłoczno tu i nie ma łąki
pełnych żab i śmigłych jaszczurek
nie grają dzwony szeroko jak u nas
zimy siarczystej nie uświadczysz wcale
w lutym kwitną kwiaty
pachną migdałowce
nabierają koloru bujne pelargonie
tarniny, wiśnie, jaśminy
rozbiegane na stokach San Calogero
U nas to nawet łatwiej umierać
grób nikomu nie straszny
ziemia serdeczna, ciepła i gościnna
przytuli każdego
reumatyzmu się nikt nie nabawi
bo nie zamarza
jak tu
w Pensylwanii

SCIACCA

Jak stara kobieta
podnosząc w górę barchan sukni
wchodzi w falę morską
ciepłą i przymilną
Skały szczerzą zęby ku wiatrom
bieleją słońcem
Nad brzegiem wisi nieruchomym żaglem
panorama zbiegłych tutaj domów
Jak huby i jemioły narosły
na kamiennych stoku
Nad portem czuwa
Santa Maria del Soccorso
Mewy bez lęku siadają na Jej ramieniu
Święty Malec czeka na festiwal
Wtedy będą śpiewy i kwiaty i tańce
Barwny pochód rozbawionych ludzi
których wytykają palcami
tłuste aniołki z grzędy baldachimu
i grają im trąbkę na nosie
Jak tu powiedzieć sąsiadom z Wisconsin
Że migdałowce kwitną tutaj w lutym
i kwiatów zatrzęsienie a do wód siarkowych
na stokach San Calogero podążają tłumy
Bo przyjeżdżali tutaj od wieków
Grecy, Saraceni, Frankowie, Rzymianie
także okrutni barbarzyńcy z dalekiej północy
Zostawili świątynie wnoszone swym bóstwom
Minęli jak mgła poranna z okolicznych wzgórz
W kościołach panuje Chrystus i chłód
Mrok i cisza nawet gdy schroni się tutaj
tłum turystów zmęczony upałem
Gruchają tylko gołębie na dachach
Pewnie te same teksty którymi raczyły

zaborczych Saracenów i brutalnych Rzymian
Dzisiaj jeszcze niejeden turysta
znajdzie pieniążek bity w tutejszej mynicy*
albo monetę dumną rzymskiego Cezara
Dojrzeć kiedyś stąd chciałem moje krajobrazy
siedząc na głazie do którego dłonie
wyciągały nadbiegające fale
Mewa zawisła w powietrzu białą plamą
Stąd kiedyś wyszli ludzie
których krew płynie w moich żyłach
Nie znalazłem po nich śladu w parafialnych kronikach
ani na cmentarzach
Kto wtedy tutaj znał sztukę pisania
I kogo stać było na grobowy kamień?
Odeszli za ocean i przepadli w czasie
Jak przepada w powietrzu biały całun mgieł

Na ulicach miasta radosny festiwal
Pod cennym baldachimem przepływa ulicami
Matka z Dzieciątkiem, lokalna Stella Maris
Radość Uśmiechnięci ludzie
niosą naręcza kwiatów Miasto
podnosi się z kolan
i wnosi wzrok ku niebu
Temu samemu
którego kolor unieśli pod powiekami
na daleka obczyznę
moi Nieznani Nieobecni

---

*   staropolskie: mennica

Devotio moderna

Zakonnik smukły psalm.
W dżinsach. Pod koloratką.
Nike i skarpetki Diora.
W kieszonce koszuli
Marlboro one hundred mentol.
Tatuaż na ramieniu.
Serce przebite strzałą.
Napis: Anita.
W małżowinie usznej
ślad po kolczyku.
Skupiony na myciu
chorej kobiety.

Masz ręce jak sen —
mówi staruszka
podsumowując krótko
jego modlitwę.

Pocztówka z Awinionu

Nie wiem, po co tu przyjechałem
Znowu idę po moście, na którym
nie tańczą żadne panie
a tym bardziej panowie
Pewnie nie tańczyli wcale,
był to najwyraźniej poetycki zwid
naukowo nieudokumentowany

Turyści z Ameryki
siedzą na brzegu Rodanu, popalają trawkę,
obserwują czerwień nieba, co jak parasol wisi
nad papieskim pałacem
tankują tanie piwo nie przejmując się wcale
człapaniem mulicy, którego odgłos
wiernie zapisuje klawiatura bruku. Z wysokości siodła
papież Benedykt
(dwunasty tego imienia)
błogosławi drzewa
i rozgorączkowane zapachem zioła.
Zmierzch lekkomyślnie zamazuje
Rys uporu z twarzy mistrza auto-da-fe.

— Przestań wymachiwać tym dzwonkiem
— mówi gniewnie do swojego giermka.
— Wystarczy hałas tych Jankesów.
Gamonie! Obudzicie ptaki! Muszą przecież
odpocząć przed jutrzejszym dniem!

Wystraszycie je i zapomną śpiewać!

* * *

Mogło się zdarzyć
w Padwie, choć
mogło się nie zdarzyć
wcale

Brat Mniejszy Antoni
poprawił przekrzywioną aureolę
(ślizga się po tej głupiej tonsurze!)
Strząsnął niewidoczny pył
z mocno już wytartego habitu
i rozpoczął rozmowę z ptakami

— Nisko latacie dzisiaj
deszcz będzie na pewno
zmokniecie jak kury
Nie daj Boże choroby
przecież jeszcze nie znamy
aspiryny i antybiotyków.
Nie macie dodatkowo
Żadnego ubezpieczenia medycznego
Przypominam:
Gdy jaskółka zniża lot swój
zbliża się deszcz niechybnie!

— Żałosne zabobony!
Deszcz nie ma wpływu
na wysokość naszego lotu
i vice versa
— odezwał się poirytowany stary kruk,
powołując się na świadectwo bociana
fruwajłę doświadczonego,
tyle a tyle przelecianych godzin
od Kairu po Padwę,
od Nilu po Wisłę i Dniestr.

Plecie coś trzy po trzy
Nasz dobry Antoni

— I jak tu bratu wierzyć
w innych zagadnieniach,
gdy na przykład uczy
że Żydzi przeszli suchą nogą
przez Morze Sitowia?

Śmiechu przecież warte
podejrzane zajście, że Jeden z nich,
wprawdzie Najważniejszy,
poszedł piechotą po wodach jeziora
To ma być według brata
prawda merytoryczna?

Zdumiewające, że ryby w tej sprawie
nie zabierają głosu
nie podnoszą klangoru
wszystko wiedzące najlepiej żurawie.

— Chociaż kto wie?
Daleko jednak zaszli
oni i On
wśród największych ulew
nigdy nie zwolnili kroku
pomimo wielu barier
pomimo wielu klęsk.

Znak przewodni

Niech będzie litość Twoja wysławiana,
Panie Pomordowanych, Bitych i Głodzonych,
gdy w Dniu Ostatnim,
przed Twym boskim tronem,
przeciągną cienie szkieletów i kalek.

Tych w pasiakach brunatnych, całkiem już nie ludzi,
tych, co są tylko popiołem i dymem,
snującym się do dzisiaj ponad Buchenwaldem,
ponad Majdankiem, ponad Oświęcimiem.

Tych, co we wspólnych grobach marzą o niebycie,
wyrwij, o Panie, z ciszy i z legowisk porusz
i poślij znów na ziemskie, obłąkane szlaki.
Niech zapukają do serc i sumień ludzi.

I niechaj Ofiar głos usłyszą wreszcie
ci, co ponad światem przędą srebrne nici,
z których rodzą się jęk i krew człowieka.

Niechaj więc Krzyża cień
przewodnim znakiem.

W LISTOPADZIE

Jeszcze krzyż złocisty chryzantem
Spala się wolno mowa świec
Jak wy
W natury procesie
Ziemia rwie wam ramiona wyżera oczy
Aż wykwitniecie płomieniami jesieni
Bohaterscy dźwigacze gliny
Niech nie przytłacza Atlasów łza
Płacz nie maci im nocy
Idziemy ziemscy pielgrzymi w ciszę
Pochyleni nad niebytem rzeczy
Uchwyconej przez ramiona ziemi
Ośmiornicy.

ŚMIERĆ NA ULICY

Coś będące przez moment dwudziestu lat
Człowiekiem
W drzwiach baru leżało skurzone

Opięty kolorem koszuli tors
Mięśnie w kurczu ostatniego krzyku zastygłe
Nieruchomy
Jak figura decorativa Michała Anioła
Badał szklistym wzrokiem pułap nieba

Policjant
Dłońmi okutymi w rękawiczki
Podnosił z pyłu ulicy
Młodość rozwalona dumnie
Rzucając wyzwanie wielkości
W erze kosmicznego lotu
Na piaszczystej plaży życia
Kurczy się ludzka meduza

Gapie nowojorskiej ulicy
Dźwigają rzecz będącą życiem
Nim zakopią w glinę
Znieruchomiałą Myśl

Była wczoraj
Nie ma jej dzisiaj
Czy będzie jutro?

Nikt nie idzie drogą do Damaszku.

Powrót do domu

Czesławowi Maliszewskiemu

Jesteśmy nieruchomi
jak wiatr na smyczy słońca.
Jesteśmy jak drzewa beznogie.

Pojedziemy z wiosną do Polski,
kiedy zaszemrzą fontanny klonów,
grusze rzucą na nas chłodne cienie.
Mury miast pokrywa patyna czasu.
Będą starsze o wiek tęsknoty.
Dotkniemy dłońmi drzwi naszych domów.
Wrócimy
— pielgrzymi —
w obce, chociaż swoje, strony.

Ona jedynie
Pani z Jasnogórskiej kaplicy
zna nasze drogi niepewne i śliskie.
Jest Latarnią naszych zamorskich dróg.
I jeszcze ci — Nieruchomi i Niespokojni,
czekają w ogrodach, w słońcu i zieleni.
Zdają się pytać: czy jesteście zdrowi?
Bezsilne krzyże cmentarne...

Zrobimy kolorowe fotografie,
kupimy kilka pocztówek,
nauczymy się ojczystego pejzażu
na nowo.

DROGA DO POLSKI

I liczysz długość swojej drogi
Przez lata głodu bomb i śmierci

Zaduma Sfinksa wielbłądy
Piasek pustyni niebo włoskie

Monte Cassino maków kolor
rana która boli do dziś

Zagubiony gdzieś w tej wędrówce
Podobny wrakom żołnierskim
Objętych litościwym ramieniem piasku

I jeszcze raz rosyjska zima port Pahlavi
Okręty pustyni kolebią się na swój sposób
Gdzieś zakwita cytryna i śmierć

Zapomniawszy swoich fakultetów
Pochylony w łoskot maszyny
Idziesz ciągle droga do Warszawy
Lwowa Wilna Bochni czy Krakowa
I jeszcze cały wiek wędrówki

Miłosierdzia pełne są cmentarze Londynu.

Pejzaż

Drzewa upadłe, poorane niebo,
wody wezbrane na spłowiałych łanach,
człowiek wiszący na sznurze w stodole
i cisza głucho rozprawia w pustkowiu.

Liście klonowe wiatr targa w powietrzu,
pięciopalczaste
i w złotych kolorach upadłe.

W anemicznym mroku zapowiada chwilę
jesieni czarnej
jak twarz nieboszczyka.

MARE INTERNUM

Kołyszesz się morze błękitem
Łączysz swe wody z niebem w jedno
Rozdziera ci łono
Brzeg fala strojny
Brzeg daleki

I kołyszesz się morze błękitem
Meduza morski kwiat tańczy w słonym bezmiarze
Meduza nienawidzi słońca i piasku
Mewy siadają na fali
Strząsają ze skrzydeł zmęczenie

Ogarniesz plażę chłodnym ramieniem
Rybi grzbiet przetnie falę
Rozbłyśnie słońcem
Zagadasz
Zaśpiewasz
Zaśniesz

Tyrol

Wszystko się spełnia w austriackim filmie.
W Tyrolu wiosnę opętała zieleń.
Strzelec cesarsko-królewski
kocha w błogosławieństwie Alp.
Szałasy górskie, dyskretne Cerbery
miłości w topieli wiosennej.

Dopełniła się miłość samotnych w Tyrolu,
fala kamienna pomknęła w dolinę,
ostra, jak cięcie zimowego wiatru.

Nie znaleźli namiotu w zranionej gęstwinie.

Na wiosnę kwitną tam krokusy,
latem najjaśniejsze szarotki,
najbardziej cesarskie kwiatki.

Ofiary gór czy miłości?

Szarotki są jak serca
ogarnięte lawiną.

ŚWIĄTEK W SŁOŃCU

Ile kwiatów nawrócisz jeszcze polny misjonarzu
Ile spowiedzi leśnych wysłuchasz dziś jeszcze
Utopiony w zielonym jazzie

Znawca zielonych symfonii
Rozszalałych wśród burzy instrumentów leśnych
Kardiolog pni dębowych Świętość Drewniana
W rozkwicie wiosny

Z listków koniczyny wróży wieść zbawienną
Że jeszcze tego roku nie przyjdą tu drwale.

PIETA W KATEDRZE ŚW. PATRYKA
W NOWYM JORKU

Rozpędzony dzień XX wieku
przystanął w świetle witraży,
oddech ulicy tonie w ciszy katedry.

Pewnego dnia
gnany posłannictwem,
zsunął się z kolan Madonny.

Powrócił na kolana Matki
już się nie skarżąc.
Madonna miała znowu Syna
blisko.

Ludzie epoki księżycowych lotów,
opancerzeni zbroją maszyn,
przystają,
całując ślad gwoździa
na nogach Boga-Człowieka.

Biała Pieta katedry,
jasna
jak karty
Ewangelii.

PONIEKTÓRZY

Wyzbyli się ojczystej mowy
Bo przecież tyle lat obcy kraj
I obrządek przyjęli język zwyczaj nowy
Ulegając zasadzie „gdzie pieniądz tam raj".

Jesienna ulica

Zabrakło złotych klonów
W puste wlokę się ulice
Z ponurym listopadem
Chorym na gruźlicę
Jesieni

To deszcz nie łzy
I tak się nie zmieni
Nic
Na moim szlaku

PYTANIE

Jakże mam nazwać to, co przeszło z wiosną
Czy to była znajomość, zażyłość?
Czy z rozszeptanym klonem, zielenią radosną
Zgasła miłostka? Czy może miłość?

Fudżi

Fudżi martwieje jak cisza
Snująca się wśród gałęzi
Fudżi śpi, śniegu kołysany bielą
Hiroko przesyła mu uśmiech dwubarwny
Jak usta gejszy.

POCHWAŁA DRZEW

Naprzeciw prądom, w tę i tamtą stronę.
Chłonąć wiatr i łapać go w żagle.
Nie oskarżać i nie brać w obronę.
Noc nad nami. Czas przechodzi obok.

Są w Kraju jeszcze drzewa, które
pochwycił ogień lub dosięgły kule...
Nocną rozpacz rzucając o świcie
uparcie szumią drzewa: chlorofil i życie.

I wierzą ciągle w słońce. Drzewa się nie boją
wiecznych nieszczęść i śnieżnych zawiei...
W jesieni gubią liście. Stoją nagie, głuche
Lecz tracą tylko liście — nie tracąc nadziei...

O szumcie wiecznie wolne drzewa!
Uderzcie nas skrzydłami śpiewu!
Niechaj zakwita w nas jak mewa
w falach wściekłości, w bezmiar gniewu.

Może usłyszą w obcych ziemiach
własnego cienia stróże niemi,
może go wchłoną, zrozumieją,
nad swym nieszczęściem pochyleni!

Może ten szum potrzaska ramy,
W których wciąż trwają, dnia się bojąc,
i zrozumieją, że jak drzewa
umierać trzeba dumnie stojąc...

Może wasz szum mnie dogna wreszcie,
łaskawą nocą znów się przyśni...
Może usłyszę go, odległy,
w pustkowiu moich nocnych myśli...

LIST DO MATKI

Mijam dzień i zawracam. Jednakowo zawsze
widzę ciebie. Zgarbiłaś się nieco.
Idę tam, gdzie twą ręką posadzone kwiaty
i świece, które Ojcu smutno w mroku świecą.

Mijam w swej drodze chwile, zdarzenia, uśmiechy,
czas jest wszędzie jednako krótki,
zawsze bliżej na przełaj od owej krainy,
gdzie zaczyna się radość, a kończą się smutki.

A kiedy się spotkamy, bo wszystko być może,
kupimy domek na wsi, w lipach i z malwami.
Przed tym, co musi nadejść drzwi głucho zamkniemy,
I będziemy wieczorem długo rozmawiali.

O tym, co było kiedyś, przez te długie lata,
gdy ocean się w poprzek naszych dróg położył,
Ty zaś powiesz z uśmiechem: „Moc nic nie tworzy"
i dodasz: „Pij, bo już pewnie wystygła herbata".

Witraż

Święty
z witraża wiedeńskiego kościoła
lubi rzucać spojrzenia z ukosa
na co ładniejsze kobiety.

Dewotki
wmodlone w jego twarz,
podświadomie myślą,
że musiałby być piękny,
gdyby zrzucił habit,
pod który pewnie
nic nie wdziewa.

Gdyby miał dłuższe włosy,
odrzucił lilię i ubrał dżinsy,
z pewnością odszukałby
długowłosych i rozgoryczonych,
którzy mówią:
On przyjdzie.

Czekanie

I wołam ciągle. Przez krwawe bariery
przyjdź. Jak Tomasz dotknę Twego boku.
Nadzieją biegnę w przyszłość na spotkanie roku
któremu wciąż na imię Czterdzieści i Cztery...

PRZEMIJANIE

Janinie Kulikowskiej

Ulecieć w kluczach liści z zielonej ojczyzny,
Haftem stygnąć jesiennym na chmurze i wietrze,
Powracać wciąż z uporem — zawsze w swoją stronę,
I roztopić się w ciszy lub wsiąknąć w powietrze.

I zagasnąć pogodnie jak schodzące słońce,
Bez świadomości jutra i wschodu nadziei,
Nie powtarzać się ciągle jak dni i miesiące.
Nic nie stoi w bezruchu — Panta rhei...

Na marginesie

Janinie Szczawińskiej

Wąwozy dobrych ulic, puste drzewa,
Wysoko nieba granitowa grzywa
Wisi nad ciszą. Ptak żaden nie śpiewa
A księżyc wolno nad miastem przepływa.

Przez miasto idę znowu w mój umarły świat,
Pogodzony nareszcie z ciemnością i burzą.
Ciszy jesiennym drzewom nie będę już kradł,
I beztroski srebrzyście płonącym kałużom...

Powracać będę zawsze, choć nie ma powrotu,
Do miasta, gdzie jest cisza dawna i bezwietrze...
Nikt mi już nie zabroni powrotnego lotu,
Gdy ochroni mnie ziemia i wchłonie powietrze...

Cień

Tak mi łatwo wykrzesać ze wspomnień twą postać,
I w ciemności na nowo widzieć twoje oczy.
Tak mi łatwo z tym dawnym na zawsze pozostać,
Choć się dzień znów bez ciebie w nowe jutro toczy.

Słucham słów, co się nigdy nie złożyły w zdania.
Słów, których nie mówiły nigdy żadne usta.
Zadrgały w mojej drodze znakiem zapytania
I zostały na zawsze. Bez nich droga pusta.

Tak złapałem się kiedyś w sidła twego wzroku,
żyjąc tym, co się przecież nigdy nie zdarzyło.
Śledzę wszystko, co dawno rozpełzło się w mroku
Choć naprawdę — to przecież niczego nie było.

MODLITWA

Modlę się za tych
co wyszklone oczy
kierowali w powrotne
ptasie szlaki

Modlę się za tych
dźwigających swąd strutej nadziei
zalegających pola wygnania
za tych bez obola
snujących się nad brzegami Styksu
dla których łódź Charona
jest czółnem dziurawym
Modlę się za tych

Oby Bóg przemieniony w Orfeusza
zawiódł ich w życie
Oby prowadził ich do miejsca „Trwaj
chwilo"
Modlę się za tych
dla których tej chwili
nie było

Miast ujadania Cerbera niech słyszą
słowa uwikłane przeliczone w błękicie
Ziemia rodzinna ukryje w zanadrzu
osłoni zapomnianych
by żyli w rozpędzie soków
drzew rozgorączkowanych wiosną

Modlę się za tych
od których ta ziemia
w obce odeszła orbity

ODLUDZIE

„Wszystko wróci
chociaż nic nie wraca".

Idę do ciebie ciemną drogą,
Na drugą stronę naszych snów.
Tam nasze drogi zbiec się mogą,
By się na nowo rozejść znów.

Nam na pustkowiu Wernyhora
Buduje znowu gmachy z kart.
Proroctwom spełnić się nie pora,
Sam prorok co dziś wart?

Na tamtej stronie staniem, gdy
Beztrwanie spojrzy w nasze oczy.
Śnieg zaskrzy się jak ludzkie łzy
Zimnym welonem nas otoczy.

A ponad nami tylko krzyk
Pękniętych drzew w zimowej chłodzi.
Ale nas wtedy z świata nikt
I cały świat już nie obchodzi.

Ucisz gwar ciszy, zgaś mą ciemność,
Kłody milczenia usuń z dróg.
I pójdź przez martwe pola ze mną.
Niech się zamieni w ślad nasz chód.

A kiedy się wieczornym cieniem
Nad mrokiem moim zakołyszesz,
I pojmiesz znowu głosu brzmieniem,
To ja nie słysząc — znów usłyszę.

A w twojej ciszy, w głos milczenia,
Zła ludzka prawda się odzywa:
Trzeba się chylić władzy cienia,
Bo rzeczywistość wciąż przegrywa...

POŻEGNANIE

Gazeta-klepsydra
płacz liter
zdawało się: śnię.
Po tej stronie Atlantyku
zgasł dzień
jak Ty,
coś krzesał słowa w wiatr.

Dzień się urwał nad Tobą,
Poeto w mrok zaklęty,
znający ciemność i noc,
żegnam Cię, Piękny.

Mam Twój ostatni list,
serdeczny, jak matczyne łzy.
Pomyśl, że my,
Ty, rówieśnik ludowego raju
i ja, wraży syn,
układamy horoskopy czaru
na drabinie
wyłożonej słońcem.

Twoja śmierć to krótka przerwa.
Śmierć nie jest końcem.
To przystanek,
bo nie kończy się
Pieśń.

Skończyłeś grę.
.Śmierć to tylko błysk
Idziesz spowity w mgłę,
gdzie Wielki Wóz.

Powiem:
Zobaczymy się znowu.
— Na razie serwus.
— Cześć.

DEVOTIO ANTIQUA

Wyprani z biografii
Zaprasowani w kanon
Zapisani w wysoki chorał
Szukający w cienkiej zupie
Ziaren grochu czy tłustego skwarka
Wszystko za ten kawałek wieczności
A potem ciężki sen na zawszonym sienniku
Smród niedomytych ciał
Pochrapywanie współbraci w dormitorium
Gliniasty chleb
Żuty spróchniałymi zębami
Dyscyplina splamiona krwią
I tak w koło Macieju
Za kawałek nadziei
O nieśmiertelności
Po to tylko
Aby oderwać się od pragnień ziemskich
Osiągnąć pokój sumienia

Pogardą dla dóbr tego świata
Kupić bilet wstępu
Na wieczne wesele
W królestwie niebieskim.

Pierwsi w pobożności i cnotach zapomnieli
Że ostatni pierwszymi będą
I większa jest radość w niebiesiech
z nawróconego grzesznika
zjawiającego się tam va bank

Niż ze wszystkich pobielanych grobów.

(W opactwie benedyktynów w Melk, wrzesień 1968)

LAMENTACJA

PRZED SCHRONISKIEM DLA ZWIERZĄT

Mój Drapek proszę pana jest tutaj choć
miał swój dom dywanik i pełne miski
Lubił polegiwać przy kaloryferze
Wiadomo reumatyzm a on nie jest przecież
pierwszej młodości choć mocny jak lew

Znalazłam go kiedyś koło kubłów na śmieci
Ledwie dyszał i jeszcze nie widział
karmiłam go z butelki
Rósł mi jak na drożdżach silny i piękny
Ja wierzyłam zawsze
że stanie się podporą mojej starości

Jakie tam pchły! Niech pan nie wierzy
ludzie są złośliwi i mówią od rzeczy
Co prawda ciężko mi było
kupować te wszystkie hokus-pokus
tabletki na serce i kleszcze
zastrzyki potrzebne i nie
Jeszcze opłaty dla miasta,
corocznie podnoszone
Ale mojej emerytury
wystarczało dla nas obojga
Co trzeba miał. A oni przyszli
Mówili o higienie i innych sprawach
ani on, ani ja nie mieliśmy pojęcia
kto nasłał tę inspekcję i dlaczego.

Dla mojego wyłącznie dobra
zabrali tutaj moja poczciwinę
choć on żaden przestępca
i żadnej skargi na niego nie było.

Słyszałam jego poszczekiwania
Dawał mi znać, że jest i czeka
Czasami go widziałam przez kratę
Tłumaczyłam, że robię, co mogę
a on patrzył na mnie smutnym wzrokiem
i nie poruszył nawet ogonkiem

A potem już go nie widziałam,
nie słyszałam jego skarg
Chyba go tutaj już nie ma
Nie widzę go pośród innych psów

Pocieszają mnie, że ktoś go wziął w opiekę
że ma nowy dom
Ale dlaczego on ciągle biega
po ścieżkach moich snów
i rozpaczliwie woła o pomoc?

Od niedawna zwłaszcza nad ranem
przychodzi, przysiada przy drzwiach
jakby czekał

Teraz to tylko chcę odejść
zejść ludziom z drogi
Pójdę za skowytem mojego psa
w bezpieczny od bliźnich niebyt.

MIŁOSIERNY SAMARYTANIN

Kochał nade wszystko zwierzęta
wszystkie razem
każde z osobna
Otwierał im serce szeroko
w godzinach od do
od poniedziałku do piątku

Jego miłość do nich
jest profesjonalna
pozbawiona egzaltacji
prawie zawsze skuteczna

Czasami jednak nie wystarcza
Przychodzą chwile gdy jest bezradny
nie potrafi pomóc
swoim małym braciom

Patrzy w ich smutne oczy,
czyta w nich nadzieję
potwierdzaną czasem
nieśmiałym ruchem ogona

Nie może nic dla nich zrobić
bo ich opiekunowie
nie maja pieniędzy na kupno
jego miłosierdzia.

LIST OD MATKI

Przyszedł dzisiaj milicjant. Rozwalił się w krześle
Nie zdjął czapki. Pokazał pomięte odbitki
z gazet w Anglii. Powiedział, że pisujesz bzdury
I bezwstydnie szkalujesz swą własną ojczyznę.
Zapytałam, czy napije się kawy. Pokiwał głową.
— Paszportu nikt z was nie dostanie przez jego wygłupy!
Nikt tego tu nie czyta. Cała draka na nic.

Zdjął wreszcie czapkę i posłodził kawę.
Spojrzał na mnie z ukosa i miękko powiedział:
Proszę pani, siedźmy lepiej cicho,
nie podskakujmy.
Przecież ten cały burdel
musi się zawalić!

JAK W BAJCE ANDERSENA

W pochmurne dni, kiedy na dworze szarzało i powietrze stawało się ciężkie od czerni, wychodziłem do mojego parku. Był pusty. Właściwie nie było go wcale. To nie jest jednak ważne. Był pusty, ponieważ go nie było. Mogłem powracać wtedy tam, dokąd naprawdę powrócić nie mogłem. Siadywałem na brudnych, istniejących tylko w mojej wyobraźni ławkach i patrzyłem na drzewa, odchodzące w ciemność, na światła latarń, prujących mrok. Park z wolna odpływał od mojej ławki, malał, ginął w końcu i była tylko cisza i ciemność. Szum liści przypominał jednak, że gdzieś w pobliżu są drzewa, samotne, niemające niczego do powiedzenia.

Pamiętam inne drzewa. To było dawno. Czasami wydaje mi się, że szumiały w jakimś innym życiu. Tam, w tamtym życiu był las, stojący nieruchomo w skwarze sierpniowego słońca. Pnie sosen, polerowane wiatrem, świeciły jak miedź w słońcu. Drzewa zwracały korony w kierunku wiatru, daremnie próbując pobiec za nim choć kilka kroków. Chciałyby może uchwycić go gałęziami, uwięzić w konarach, aby opowiedział im o wszystkim, co widział w swojej drodze. Ale wiatry były mocniejsze niż ręce sosen. Wymykały się gałęziom, odlatywały. Smutniały sosny, stojąc nieruchomo w słońcu.

Były tam jeszcze jodły, panny lasu, wyrastające wolno, przerażone każdej zimy. W grudniu przychodzili tutaj bowiem ludzie i mordowali co piękniejsze. Daremnie jodły udawały kaleki. Ludzie strząsali z nich śnieg, liczyli dokładnie korony. Potem krótkimi uderzeniami topora zabijali smukłe jodły. Las milczał. Dęby i stare świerki stały obojętne, niewzruszone w swoim spokoju.

Las był wesoły latem. Nawet tam, gdzie przeprowadzono ścinkę, małe, świeżo zasadzone drzewa rwały się do słońca. Wśród cmentarzyska pni, przypominającego dawne życie, rosły w górę obojętne na los tu rosnących drzew. Pewnie nie rozumiały, że hodowane planowo podzielą los swoich poprzedników, przerobionych na papierówkę, żerdzie, deski, słupy i trociny. Stare dęby rosnące przy drodze szumiały im w wieczornej pieśni opowieść, zasłyszaną jeszcze od dębu patriarchy, rozdartego dawno, przed wielu laty, pierunem. Kiedyś drzewa były szczęśliwe. Nikt ich nie sadził, nie mordował. Rosły w cieniu rodziców, przebijały się w górę, ciekawe nieba i słońca. Dopiero później przyszedł człowiek. Na początku mozolnie kamiennym toporem uderzał w pnie i obalał słabsze drzewa. Potem zaś wymyślił ostry, zimny przedmiot, który łatwo rozdzierał pnie. Jeszcze później groźna maszyna, o ostrych, jadowitych zębach wdzierała się w ciała drzew, pruła włókna i obalała najpotężniejsze, najsilniejsze drzewa. Daremnie próbowały się bronić. Rozpaczliwie chwytając się sióstr rękami, czepiając się konarów, podcięte u stóp widziały jeszcze przez chwilkę niebo, po czym łamiąc gałęzie waliły się w dół. Ludzie odcinali konary, pozostawiając żałosne kadłuby.

Sosna rosnąca przy drodze widziała wielokrotnie śmierć swoich sióstr. Ominęła ją jednak piła, nie tknął topór drwali. Rosła szeroko i dumnie, wyżej i wyżej w słońce. Przestała wierzyć już w pogróżki starych, osiwiałych od wiatrów dębów.

Któregoś dnia przyszli jednak ludzie. Długo szukali w lesie, postukując w pnie drzew. Doszli wreszcie i do niej. Uderzyli w pień. Jęknęła głucho. Wiedziała już, że trzeba pożegnać słońce. Poczuła ból. To pień rozdzierano siekierą. Potem wżarła się w nią piła. Wszystko trwało niedługo. Runęła w dół, łamiąc gałęzie w miałkim, gorącym piasku. Ludzie obdarli ją szybko z kory i powlekli spoconą pyłem drogą do wsi. Potem pocięto na długie, gładkie plastry, heblowano, malowano farbą i lakierem. Zbijano ją w podłużną skrzynię..Wsypano do wnętrza trocin i obito białym suknem. Nie wiedziała, co to wszystko znaczy.

Przyszła noc i pozostawiono ją w spokoju. Rankiem wzięto ją ostrożnie i włożono na wóz. Wiedziała, że jest piękna, może piękniejsza niż tam, w lesie. Promienie słońca rozpryskiwały się na gładkim lakierze w złote, jarzące się plamy. Jechała, smukła i dumna na wozie, nie ciągnięta już w pyle leśnej drogi.

Znowu zdjęto ją bardzo ostrożnie z wozu i wniesiono do białego domu. Zsunięto wieko i włożono do środka miękką, wypełnioną wiórami poduszkę. Z sąsiedniego pokoju wyniesiono ostrożnie śpiącego, ciemnowłosego chłopczyka. Widywała już dzieci. Ale ten był dziwnie spokojny i nieruchomy. Ułożono go delikatnie na poduszce i pokrytych suknem wiórach. Nie ruszał się, śpiąc spokojnie w zapachu żywicy i lakieru.

Sosna, spruta na deski, nie wiedziała, co to wszystko oznacza. Zostawiono ich samych. Sosnę i dziecko. Nic nie zakłócało im ciszy. „Pewnie będę łóżkiem – pomyślała. – Ciężko mi jednak, a on tak mocno śpi".

Drugiego dnia znowu przyszli ludzie. Wzięli stojące przy drzwiach wieko i nakryli małego. Nie rozumiała, dlaczego pozbawiają go światła. Mała, natrętna mucha, która nie zdążyła wylecieć z pudła, szamotała się nad śpiącym dzieckiem, daremnie szukając ucieczki przed ciemnością.

Sosna poczuła jeszcze ostrza gwoździ, boleśnie przebijające włókna. Ludzie znowu wzięli ją na ramiona i wynieśli na dwór. Jechała znowu drogą, ciesząc się słońcem. Widziała drzewa, pieszczone przez wiatr liście. O ile jednak była piękniejsza od wszystkich drzew! Powieźli ją na wzgórze, położone wysoko nad wsią. Dużo tu było kwiatów, wybujałych ziół i starych, potężnych drzew. Wymachiwano nad nią rękami, kropiono wodą. A potem ciszę przerwał krzyk tak przeraźliwy, że zadrgały w niej wszystkie tkanki. Zbliżyli się ludzie o twarzach drwali, podciągnęli pod nią sznury i wolno opuścili do dołu. Niczego nie rozumiała. Prędko zasypano ją ziemią. Poczuła lepki, obrzydliwy ciężar. Nie wytrzymało wypukłe wieko. Załamało się i przygniotło śpiące dziecko. Ale ono nie zapłakało, nie obudziło się ze snu. Sosna długo walczyła z ziemią. Ale zgniatana coraz mocniej ustąpiła.

Nie widziała już słońca. Nie wiedziała, kiedy kończy się dzień, a zaczyna noc. Tylko korzenie drzew, ciągnące soki z ziemi oplotły ją szczelnie, usiłując dostać się do środka. Próbowała bronić dziecka, ale włókna jej dziwnie zwiotczały i nie umiała się oprzeć sile ziemi, wody i korzeni.

Tak mijały lata. Któregoś dnia poczuła, że ciężar ziemi słabnie. Ktoś tuż nad nią uderzał łopatą w skamieniałą glinę. W końcu zabłysnęło nad nią słońce, dojrzała drzewa i błękit nieba. Człowiek pochylił się i odrywał wolno deski. Wyrzucał je kolejno w rosnące nad dołem paprocie. Poczuła miękkość mchu, dawno zapomnianą woń lasu. Gdzie dziecko? Dlaczego się nie obudzi? Długo wyczekiwała nad dołem. Nie zobaczyła jednak śpiącego chłopczyka. Tylko na jednym z gwoździ dostrzegła ciemny, wąski pukiel włosów.

Potem wrzucono ją do ognia. Płonęła wolno. I nawet nie czuła bólu. Myślała bowiem o dziecku, które przecież dźwigała w sobie, a które pochłonęła ziemia. Jej ciało okazało się silniejsze, oparło się ziemi tyle lat! Nie myślała już o swoim dzieciństwie, spędzonym na skraju lasu. Topniała w ogniu pamiętając jedynie ten dzień, kiedy kołysała w sobie śpiącego malca. Ogień kruszył ją wolno, dochodząc do miejsca, gdzie czernił się pukiel włosów. Ale nim dobiegł doń, wiatr porwał go i uniósł ku paprociom i drzewom. Sosna odetchnęła i tym oddechem rozsypała się w popiół, zapominając o wszystkim.

* * *

Przede mną stoi w mroku park i oświetlona latarnią sosna. Karłowata i pokraczna. Sosna-widmo, silniejsza niż człowiek. Sosna przyjaciel człowieka.

FATA MORGANA

Pamięci Ryszarda Winowskiego

Gdzie hamsin, wiatr pustyni, łamie dumne palmy,
gdzie się cienie wielbłądów kołyszą na piasku,
wstawała w porannym brzasku
fata morgana ojczyzny, jakby ją wiatr halny
przywiał od Tatr, a Bałtyk zaklął w piach pustyni
I zwinęli namioty polscy beduini,
poszli w mrok, co popełzł po pustym bezmiarze.
Księżyc bladą poświatą na żołnierskie twarze
spłynął i szedł z nimi długo.

SUMMA SUMMARUM

Ja, żartowniś nędzny, niegodzien uśmiechu
ni lekceważącego ruchu Twojej Boskiej dłoni,
brnę ku Tobie przez bezsens człowieczego grzechu
choć sił mi i nadziei nie staje w pogoni
za Światłem Świata i Pełnią Kosmosów
i Dopełnieniem Pisanych nam Losów...

Spis treści